A CADEIA DE VALOR DE MICHAEL PORTER

PONTOS-CHAVE

- **Nomes:** Cadeia de Valor, A Cadeia de Valor de Michael Porter.

- **Utilizações:** melhorar a competitividade, reduzir custos, aumentar a criação de valor.

- **Por que é bem-sucedido?** Pode ser adaptado a todos os tipos de negócios, aumenta drasticamente o desempenho e compreende uma série de passos claros e bem definidos.

- **Palavras-chave:** vantagem competitiva, criação de valor, ferramenta analítica, subdivisão de atividades.

INTRODUÇÃO

História

O professor da Universidade de Economia de Harvard Michael E. Porter (nascido em 1947) é conhecido pelo seu trabalho sobre estratégia competitiva, competitividade e desenvolvimento econômico de nações, estados e regiões.

Nos anos 80, começou a estudar o conceito de vantagem competitiva e desenvolveu uma série de teorias

A CADEIA DE VALOR DE MICHAEL PORTER

Desbloqueie a vantagem competitiva da sua empresa

50MINUTES.com

A CADEIA DE VALOR DE MICHAEL PORTER

Desbloqueie a vantagem competitiva da sua empresa

escrito por Xavier Robben
traduzido por Alva Silva

estratégicas no livro *Vantagem Competitiva: criando e sustentando um desempenho superior* (1985). Muitas destas teorias foram rapidamente adotadas por empresas que pretendiam melhorar os seus resultados.

Segundo ele, as empresas alcançam superioridade através do seu domínio das forças competitivas, conhecidas como "As cinco forças de Porter". Este é um conceito-chave na gestão moderna, e foi explorado por Porter em *Estratégia Competitiva: Técnicas de Análise de Indústrias e Concorrentes* (1980; republicado com uma nova introdução em 1998).

Definição do modelo

Uma cadeia de valor é uma série de ações que são levadas em consideração a fim de fornecer um produto ou serviço valioso ao mercado.

Qualquer empresa, associação ou organização que crie valor e deseje melhorar a sua competitividade pode utilizar a cadeia de valor para atingir os seus objetivos. O modelo permite às empresas analisar cada uma das suas atividades, com o intuito de melhorar o máximo possível a cada passo, maximizando, desta forma, a sua vantagem competitiva. A cadeia de valor é uma ferramenta valiosa na gestão estratégica, uma vez que trabalha no posicionamento de um produto ou serviço no mercado.

A cadeia de valor tem três objetivos principais:

* melhorar os serviços;

* reduzir os custos;

* criar valor.

TEORIA

CRIAÇÃO DE VALOR

Antes de poderem desenvolver uma vantagem competitiva, as empresas devem compreender o conceito de criação de valor. Trata-se de um sistema analítico concebido para quebrar as diferentes funções de uma empresa e examinar os seus custos, com o objetivo de distribuir os recursos ao longo da cadeia da forma mais eficaz possível. Isto permite que os produtos sejam posicionados estrategicamente no mercado com base no seu custo ou diferenciação.

Os custos podem ser reduzidos com:

* otimização do processo de fabricação;

* compra de matérias-primas a um custo inferior;

* inovação;

* trabalho na funcionalidade de um produto para uma maior diferenciação;

* aumento da qualidade de fabricação;

* melhora do serviço ao cliente;

* redução dos prazos de entrega através de uma boa organização logística.

Uma análise eficaz das diferentes funções da empresa pode aumentar a produtividade e conduzir a um crescimento sustentável e rentável.

COMPONENTES

O modelo de Porter compreende nove grandes funções geradoras de valor, que estão divididas em duas categorias observadas abaixo.

- Existem cinco atividades principais que afetam diretamente o valor agregado do produto final. Esta categoria compreende as atividades relacionadas com a logística de entrada (1), operações (2), logística de saída (3), marketing e vendas (4) e serviços (5).

- Existem quatro atividades de apoio que estão indiretamente envolvidas na criação do valor agregado final. Estas são as atividades relacionadas com as infraestruturas da empresa (1), recursos humanos (2), desenvolvimento tecnológico (3) e aprovisionamento (4).

👁 A SELEÇÃO DE ATIVIDADES GERADORAS DE VALOR

A seleção de atividades geradoras de valor é baseada em três critérios:

- Confiam em diferentes mecanismos econômicos?

- Constituem eles uma fração considerável dos custos?

- Será que afetam diretamente a vantagem competitiva?

Porter representa o negócio usando um diagrama simples, no qual as atividades primárias são posicionadas verticalmente, enquanto as atividades de apoio são colocadas horizontalmente. A margem representa a diferença entre o valor final do produto e os custos totais ligados ao mesmo (criação, lançamento etc.). A dimensão da margem depende da vantagem competitiva de cada uma das nove funções da empresa. Cada empresa tem o seu próprio diagrama, que varia em função de numerosos fatores diferentes, incluindo o seu carácter, a sua indústria, o seu posicionamento e a sua eficiência.

VANTAGEM COMPETITIVA

A vantagem competitiva de uma empresa em relação aos seus concorrentes pode ser vista através da comparação das suas cadeias de valor. A qualidade de uma atividade tem um impacto direto nos custos, na satisfação do cliente e na dimensão da margem. A análise de uma função nem sempre dá um resultado positivo, uma vez que pode acontecer de algumas funções consumirem valor ou gerirem menos valor do que os concorrentes da empresa.

Atividades primárias

As atividades principais são as principais funções organizadas dentro de uma empresa. Elas contribuem diretamente para a criação do produto, atividade de marketing, política de vendas, entrega ao cliente final e serviço pós-venda. Embora nem todas as empresas funcionem da mesma forma, a maioria delas realiza estas cinco atividades primárias descritas abaixo.

* **(1) A logística de entrada** refere-se ao procedimento de aquisição de recursos, incluindo matérias-primas, recepção destes materiais, entrada em estoque etc.

* **(2) As operações** envolvem a utilização de matérias-primas, produção de bens, testes de qualidade, embalagem, manutenção etc.

* **(3) A logística de saída** inclui a saída do inventário, preparação de encomendas, entrega aos distribuidores e clientes finais etc.

* **(4) Marketing e vendas** incluem promoção, comunicação, preços, publicidade, gestão de canais de distribuição etc.

* **(5) Os serviços** envolvem reparação, manutenção, serviços pós-venda etc.

👁 A INTERCONECTIVIDADE DAS ATIVIDADES PRIMÁRIAS

Estas atividades não são independentes umas das outras, e um bom controle de um componente pode ter um impacto positivo sobre os outros elementos da cadeia. As várias funções estão interligadas, o que pode resultar em uma série de consequências quando há mudanças nas atividades. Estas ligações, que muitas vezes passam despercebidas, desempenham um papel importante na gestão de custos e na vantagem competitiva.

Atividades de apoio

As atividades de apoio contribuem para o bom funcionamento das operações, permitindo à empresa executar e coordenar as suas atividades primárias a fim de maximizar a eficiência.

- **(A) Infraestrutura da empresa**, que inclui a gestão geral, financeira e administrativa, o departamento jurídico e os departamentos encarregados do planeamento, controle de qualidade etc.

- **(B) Recursos humanos**, que estão envolvidos no recrutamento, formação, processos de remuneração, gestão de competências, estrutura organizacional, política de bônus, demissões etc.

- **(C) A investigação e desenvolvimento**, que inclui a investigação e seleção de tecnologia, a capacidade de inovar, o desenvolvimento de produtos ou serviços, a segurança dos produtos, a gestão de patentes etc.

- **(D) O aprovisionamento (ou fornecimento)**, envolvendo os métodos de aquisição de matérias-primas, fornecedores de aprovisionamento, negociações com fornecedores, aluguel de instalações etc.

As atividades de apoio podem afetar algumas das atividades primárias. Contudo, embora as funções descritas acima sejam comuns, não estão presentes em todas as empresas.

UTILIZAÇÃO DA CADEIA DE VALOR

Em teoria, é preferível que as empresas utilizem a cadeia de valor de Porter antes de escolherem a sua estratégia e posicionamento para cada produto. Contudo, na prática, nem sempre é este o caso.

UM MODELO ADAPTÁVEL

Ao definir este conceito, Porter salienta a necessidade urgente de uma abordagem personalizada. Aconselha as empresas a escolherem primeiro entre uma cadeia de valor curta ou longa, dependendo da importância de certas atividades ou da sua falta. Por vezes é também necessário reorganizar a cadeia de valor de modo a destacar-se dos concorrentes. Finalmente, Porter assinala que a chave para a vantagem competitiva reside tanto na reorganização como na interligação das várias atividades. De fato, se uma das atividades está progredindo independentemente das outras, pode haver um desequilíbrio entre os diferentes componentes, gerando novos custos.

APLICAÇÕES PARA PRESTADORES DE SERVIÇOS

Embora a terminologia utilizada para apresentar o conceito esteja ligada à fabricação do produto ("armazenamento", "produção", "reparação" etc.), a cadeia de valor funciona igualmente bem com as empresas que prestam serviços.

LIMITAÇÕES E EXTENSÕES

LIMITAÇÕES E CRÍTICAS

Embora o modelo de Porter tenha sido desenvolvido nos anos 80, continua sendo relevante atualmente e ainda fornece as ferramentas necessárias para as empresas que procuram aumentar o valor agregado das suas atividades e reduzir os seus custos de produção. No entanto, apesar da sua inegável eficácia, a cadeia de valor tem certas limitações e está cada vez mais sujeita a críticas.

Em primeiro lugar, a implementação deste método é relativamente longa e complicada:

- a quantidade de dados necessária para utilizar a cadeia de valor é imensa e muitas vezes difícil de obter;
- a margem para interpretação é demasiada grande, o que pode prejudicar a análise e distorcer o resultado final;
- a falta de precisão pode afetar a análise.

Em segundo lugar, o desejo de obter vantagem competitiva em um mercado leva as empresas a adotar políticas de gestão de custos, o que por si só é uma das principais limitações do modelo. Se todas as empresas utilizarem esta estratégia de gestão de custos, os preços tornar-se-

-ão cada vez mais baixos, mas as empresas não podem reduzir os custos indefinidamente.

Em terceiro lugar, é difícil determinar o conceito de criação de valor ligado a esta cadeia, uma vez que o valor é percebido de forma diferente por diferentes economistas.

- A economia neoclássica (início do século XIX) baseia-se na utilidade subjetiva ou no valor relativo ligado aos custos de produção da troca e não troca dos custos de produção. Em outras palavras, o valor de um produto depende do valor de outro produto no mesmo mercado.

- Isto é oposto pela economia clássica (entre 1760 e 1848, na França e Inglaterra), que percebe o valor como absoluto e determinado de acordo com as características do objeto.

O modelo de Porter parece estar mais próximo do pensamento neoclássico e baseia-se na interpretação da vontade do cliente. Mais genericamente, os seus críticos acusam-no de uma falta geral de clareza e precisão nas suas definições, e acreditam que a sua teoria carece dos dados empíricos que seriam necessários para a justificar.

As limitações e críticas acima delineadas não constituem uma lista exaustiva, e muitos concordam que os fundamentos da cadeia foram complementados pelo trabalho de outros economistas menos conhecidos. No entanto, embora precise certamente ser utilizada com cuidado, a cadeia de valor continua sendo um instrumento vital na gestão de empresas.

MODELOS E EXTENSÕES RELACIONADAS

As cinco forças de Porter

Michael Porter sempre tentou compreender as questões relacionadas com a concorrência. Alguns anos antes da publicação da sua investigação sobre a cadeia de valor, foi percebido que a estrutura competitiva de uma empresa era muito restrita. Estabeleceu-se também o modelo das "cinco forças de Porter", que pode ser utilizado para manter a vantagem competitiva e assegurar a rentabilidade a longo prazo. Estas forças são descritas abaixo.

- **Concorrência na indústria.** As empresas do mesmo setor lutam para manter a sua posição.

- **Poder de negociação dos fornecedores.** Quanto mais poderoso for um fornecedor, mais podem impor condições (preço, qualidade, quantidade). O contrário é verdadeiro para os fornecedores menos poderosos.

- **O poder de negociação dos clientes.** Impõem exigências em matéria de preço, serviço e qualidade, o que por sua vez influencia a rentabilidade de um mercado.

- **Ameaça de novos participantes.** Isto depende de fatores como a dimensão do mercado (economia de escala), o desejo de diversificação de negócios, o custo de entrada, o acesso às matérias-primas e as normas técnicas. Os novos concorrentes perturbam inevitavelmente a hierarquia dos intervenientes no mercado.

- **Ameaça de produtos de substituição.** Representam uma alternativa à oferta do mercado e têm geralmente uma melhor relação qualidade/preço.

Cada componente deste modelo é indiretamente influenciado pelas leis e regulamentos estabelecidos pelas autoridades públicas.

APLICAÇÃO PRÁTICA

CONSELHOS E DICAS DE OURO

Ao contrário da contabilidade geral, a cadeia de valor não é juridicamente vinculativa, mas continua sendo um instrumento importante na gestão empresarial. Embora seja possível uma série de abordagens diferentes, é altamente aconselhável utilizar o método tradicional de seis etapas descrito abaixo.

Estabelecer a análise

A primeira fase é determinar o campo a ser examinado. Isto requer uma boa compreensão do processo de fabricação, de acordo com a cadeia de valor e a identificação de todas as ligações entre as diferentes atividades. A etapa seguinte consiste em definir o ponto de partida (os fornecedores de matérias-primas) e o ponto final (o estoque de produtos acabados ou o cliente) dos processos globais da empresa.

Mapeamento da cadeia de valor atual

Isto implica a elaboração da cadeia de valor representativa da empresa de A a Z, lembrando de incluir todas as diferentes fases. Geralmente, estas etapas são ilustradas por quadrados, os estoques são representados por triângulos e as transferências são mostradas por setas.

Esta cadeia de valor simplificada pode representar a central de compras (1), que envia a mercadoria armazenada para compra (2). A mercadoria é então enviada para a oficina (3), onde é submetida a um controle de qualidade (4), antes de se juntar ao estoque de produtos acabados (5). Uma vez encomendados, os produtos são enviados para a área de distribuição (6).

Coleta de dados autênticos

Este passo visa recolher informações relevantes sobre todas as atividades e ligações, mas também para verificar a sua autenticidade. Os dados a coletar serão diferentes de uma empresa para outra, dependendo da sua estrutura e setor. Por exemplo, uma empresa de serviços não está preocupada com processos de fabricação, ao contrário de uma empresa industrial. As indústrias devem aprender mais sobre a duração de um ciclo de atividade, o número de trabalhadores necessários para cada fase, a distância de transferência e o tempo entre cada fase, o custo das atividades, a eficiência da maquinaria utilizada, a rotação de estoque, o valor dos ativos, a razão de produtos defeituosos etc.

Submeter o diagrama e os dados

Então, é útil discutir a cadeia de valor planejada com as pessoas envolvidas. Por exemplo, os trabalhadores devem ser solicitados a dar a sua opinião sobre o diagrama de fabricação. De fato, os membros da equipe podem ter uma visão diferente do processo da empresa, e consultá-los pode retificar quaisquer aspectos que tenham sido mal interpretados. Recomenda-se acrescentar ao diagrama, nesta fase, a duração da execução e a duração da avaliação. A primeira estima o tempo necessário para completar o processo, enquanto a segunda mede o tempo de incorporação do valor. A comparação destes dois dados pode ajudar a identificar as áreas a melhorar.

Reestruturar a cadeia de valor

O quinto passo envolve a análise da lista de perguntas estabelecida em 1999 por Mike Rother e John Shook. A resposta a estas perguntas permite à empresa rever e, possivelmente, redesenhar a cadeia de valor. Os oito temas abordados por estes dois economistas destinam-se a promover a vantagem competitiva, e o objetivo desta fase é essencialmente mudar ou eliminar atividades que criam pouco ou nenhum valor. Quanto mais próximo estiver o período de execução, mais a empresa tem conseguido reduzir as suas transferências desnecessárias. Uma vez estabelecido o ótimo (ou o equilíbrio), é tempo de representar a empresa através de uma cadeia de valor reestruturada.

As oito perguntas de Mike Rother e John Shook estão descritas abaixo.

- Qual é a duração da cadeia de valor?
- A produção é mantida em uma loja ou é enviada diretamente para o ponto de embarque?

- Em que partes da cadeia de valor se pode utilizar o processamento de fluxo contínuo?

- Onde terá que utilizar o sistema de pull (puxar) dos supermercados?

- Em que ponto único da cadeia de produção (o "processo do *pacemaker*") irá programar a produção?

- Como irá refinar a produção?

- Como irá agendar o "processo do *pacemaker*"?

- Que melhorias de processos relacionados serão necessárias?

 ## ESTRATÉGIAS DE *PUSH* (EMPURRAR) E *PULL* (PUXAR)

Os fluxos de empurrar e puxar são os fluxos de mercadorias, mercadorias ou outros componentes resultantes de previsões de fluxos. Os fluxos de *pull* são impulsionados por previsões, ou atrair os clientes até os produtos, enquanto os fluxos de *push* são gerados por empurrar os produtos em direção aos clientes, por exemplo, encomendas de clientes.

Uma vez respondidas estas perguntas, é importante que seja feito o seguinte:

- quantificar a vantagem competitiva com base em uma cadeia de valor competitiva no mercado;

- incorporar os diferentes ativos da empresa;

- avaliar as atividades de criação de valor;

- considerar que a vantagem competitiva provém não só do desempenho de cada atividade, mas também das ligações entre elas.

Planejamento de ações de melhoria

Uma vez que a empresa tenha determinado as atividades que podem ser melhoradas, deve-se encontrar os meios necessários para aumentar o seu desempenho. Aconselha-se basear isto no diagrama redesenhado e listar todas as tarefas das nove atividades (primárias e de apoio). Desde os fornecedores até às primeiras modificações, a empresa terá que reiniciar a análise de acompanhamento em cada fase desde o ponto de partida. De fato, uma atividade redesenhada pode ter um impacto nas outras devido às ligações entre elas, e estas modificações podem ter impacto na cadeia de valor da empresa.

O sucesso deste ciclo de análise, em que o ponto de partida é sempre o mesmo, baseia-se em quatro regras:

- o processo é contínuo e respeita o ciclo de produção;

- a cadeia permite um controle de produção simples e eficiente;

- a empresa se beneficia de melhorias na gestão de despesas e encomendas;

- a velocidade de execução aumenta enquanto o volume do estoque armazenado é reduzido.

Aconselhamento

A cadeia de valor de Porter é uma ferramenta comum no campo da gestão, mas o uso incorreto pode diminuir a sua eficácia. Os erros mais comuns estão descritos abaixo.

- Ser impreciso ao identificar o âmbito da cadeia de valor.

- Desenvolver uma cadeia de valores a partir de um diagrama que distorce as relações entre as atividades.

- Esquecimento de um passo na cadeia de valor. Por conseguinte, é altamente aconselhável rastrear fisicamente o percurso do produto dentro da empresa, desde os estoques de matérias-primas até à expedição do produto acabado, para garantir que cada etapa seja plenamente incluída na análise.

ESTUDO DE CASO – EMPRESA INDUSTRIAL

Contexto

Embora o modelo de Porter não se restrinja a empresas industriais, optamos por utilizar o exemplo de uma empresa siderúrgica que envolve uma longa cadeia de valor. Esta empresa siderúrgica lutou arduamente para se tornar líder do mercado mundial. Para além das fusões e outras aquisições, a sua capacidade de adaptação tornou-a líder no seu setor. A empresa utilizou vários métodos para refinar a sua gestão empresarial, incluindo a cadeia de valor.

A sua principal atividade é a montagem de várias máquinas e ferramentas que podem esculpir roscas finas em tubos de aço. Uma vez montadas em conjunto, permitem aos clientes extrair gás ou petróleo.

A empresa compra as suas matérias-primas (aço e ferro fundido) e peças subcontratadas de vários fornecedores. As compras são armazenadas antes de serem redirecionadas ao centro de triagem, onde devem passar por um teste de conformidade. Uma vez verificadas, são armazenadas em um espaço chamado "estoque da empresa". Então, as peças são enviadas para a oficina. Para esta empresa, a gestão de estoques é uma tarefa complicada, uma vez que apenas 80% das peças são idênticas de uma máquina para a outra. Os clientes têm os seus próprios tubos, e os dispositivos devem ser capazes de se adaptar a eles. A fabricação do produto é um processo muito complexo e demora entre quatro e seis meses. Uma vez concluídas, as máquinas são armazenadas antes de serem submetidas a uma série de testes para garantir o seu bom funcionamento. Depois, são embaladas, para minimizar os danos, e transportadas para o seu destino final. Além disso, a empresa também está envolvida na reparação de equipamento mal calibrado, defeituoso ou desatualizado.

Este processo de fabricação, desenvolvido há mais de 25 anos, é ainda hoje utilizado, embora tenha havido algumas mudanças. A empresa reorganizou a sua estrutura para melhorar os seus resultados, apesar da complexidade e do elevado custo de o fazer. Esta foi uma decisão necessária para que a empresa mantivesse a sua posição de líder mundial no setor.

Reorganização da cadeia de valor dentro da empresa

Para efetuar uma revisão completa da sua organização, a empresa recorreu a uma equipe externa de peritos de gestão qualificados.

- Trabalhando com os gestores, começaram por mapear as atividades a fim de analisar e selecionar um ponto de partida (a recepção de matérias-primas) e um ponto final (a entrega aos clientes). No entanto, foi necessário ligar a quinta atividade principal com a terceira, uma vez que, após a reparação das máquinas na quinta atividade, estas são redirecionadas ao cliente.

- Em seguida, desenharam a cadeia de valor, tendo o cuidado de indicar os passos (quadrados), estoques (triângulos) e transporte (setas).

- A equipe externa preparou, então, um questionário de 20 páginas para recolher dados precisos com base nas áreas de atividade da empresa. Os gerentes e os seus engenheiros responderam primeiro às perguntas específicas da sua área. Depois, para verificar e ajustar os dados, os peritos disponibilizaram esta informação a todos os trabalhadores. Os seus comentários esclareceram as respostas anteriormente fornecidas. A equipe externa também estimou o tempo de execução e recuperação a fim de identificar potenciais causas de atraso: após comparação, os resultados sugeriram que o tempo de execução era muito longo.

As respostas às perguntas de Rother and Shook permitiram aos peritos identificar as várias falhas da cadeia de valor da empresa. A empresa descobriu uma série de coisas, as quais estão descritas abaixo.

- A sua vantagem competitiva na cadeia de valor provém de uma gestão eficiente dos estoques de matérias-primas.

- Os seus ativos baseavam-se, essencialmente, nos custos de produção ligados à excelente mão-de-obra e à produtividade das máquinas.

- Havia dois pontos de melhoria potencial, um a nível de fabricação e o outro a nível organizacional. O primeiro revelou que um grande número de máquinas não era adequado às exigências dos clientes, enquanto o segundo mostrou que o tempo entre as fases e as áreas de estoque era muito longo.

- Muitas peças se partiram durante o processo de fabricação. Isto não se deveu a erros de produção, mas sim às compras que nos fizeram avançar a cadeia, e, mais precisamente, aos artigos subcontratados.

Após a melhoria da cadeia de valor fornecida pelos peritos, a empresa observou três grandes mudanças:

- redução do tempo de fabricação da máquina;

- custos de fabricação reduzidos;

- melhoria no fornecimento de produtos acabados, que são mais consistentes com as expectativas dos clientes.

Ao analisar as diferentes rotas de produção, a empresa conseguiu então melhorar algumas atividades para otimizar os resultados e manter a sua posição de líder de mercado.

Razões para a liderança global

- **Coordenação com os clientes.** Um dos principais problemas encontrados pela empresa foi a falta de precisão na execução das encomendas dos clientes. As máquinas tinham que esculpir roscas nos tubos disponíveis na oficina, mesmo que o diâmetro do tubo nem sempre correspondesse às exigências do cliente. Então, tiveram que regressar à empresa para ajustes. Este problema organizacional óbvio foi resolvido através da construção de um armazém reservado aos tubos dos clientes. As máquinas podem agora funcionar com precisão e a empresa já não está preocupada com reclamações.

- **A organização da empresa.** No início, a empresa era apenas uma pequena empresa com poucos empregados. Ao longo dos anos, viu o seu número de encomendas aumentar exponencialmente. A empresa cresceu gradualmente, aumentando as áreas de estoque e o número de espaços dedicados a oficinas e escritórios. Quando a primeira filial local se tornou muito pequena para realizar operações, a empresa construiu uma segunda, depois uma terceira, onde as matérias-primas e os produtos acabados eram cuidadosamente armazenados. Os peritos observaram que o transporte de estoque pesado entre a primeira instalação (utilizada para a fabricação) e a terceira, além de que os estoques tinham que atravessar toda a oficina para chegar à linha de montagem. A empresa decidiu, então, inverter as funções dos dois primeiros armazéns. Arranjá-los de acordo com o fluxo de trabalho reduziu as distâncias entre a oficina, as áreas de inventário e os centros de triagem e controle.

- **Melhoria da qualidade das peças subcontratadas**. Os dados indicavam que havia muitas peças quebradas, e as análises mostraram que estas provinham, principalmente, de subcontratantes no Leste da Europa. O problema era a qualidade das suas matérias-primas. Para que a empresa se mantivesse competitiva, não podia fabricar ela própria estas peças mecânicas nem mudar os seus fornecedores, uma vez que todas elas eram relativamente mais caras. Para assegurar a qualidade, a empresa, agora, compra matérias-primas de fornecedores na França, os quais enviam para a República Checa e Polônia para fabricar as suas peças. Embora o preço de custo tenha aumentado, a empresa se beneficia de uma redução do número de encomendas.

Sem estas mudanças significativas, a empresa não poderia ter permanecido uma líder do mercado mundial. O redesenho da cadeia de valor envolveu decisões complexas que, embora caras, provaram ser benéficas para toda a empresa.

RESUMO

- O conceito da cadeia de valor desenvolvido por Michael Porter apareceu pela primeira vez no seu livro *Vantagem Competitiva de 1985: criando e sustentando um desempenho superior.*

- A cadeia de valor é um modelo de gestão empresarial que mapeia a criação de valor dentro de uma empresa.

- Esta ferramenta analítica permite às empresas analisar todas as suas atividades para identificar e melhorar as áreas menos eficientes, de modo a maximizar a sua vantagem competitiva.

- A cadeia de valor compreende nove atividades, que podem ser divididas em duas categorias: cinco atividades primárias e quatro atividades de apoio.

- A análise da cadeia de valor compreende seis fases: identificação da área a examinar, elaboração da cadeia de valor, levantamento e verificação de dados, apresentação dos dados aos membros da equipe para o seu feedback, reorganização da cadeia e planejamento da ação.

- Esta ferramenta tem muitas vantagens: pode ser adaptada a todos os tipos de empresas, melhora a competitividade, fornece passos claros e bem definidos para realizar de forma eficaz a análise da cadeia de valor etc.

- No entanto, a avaliação é um processo longo que requer uma grande quantidade de dados. Além disso, a interpretação pessoal desempenha um papel importante, o que pode tornar o modelo menos exato.

- A cadeia de valor pode ser utilizada juntamente com outros modelos igualmente importantes na gestão empresarial, incluindo "As cinco forças do Porter".

- A cadeia de valor é uma ferramenta poderosa, mas deve ser utilizada com cautela. Para que seja eficaz, é importante compreender que cada análise difere de uma empresa para outra.

- A melhoria da cadeia de valor envolve decisões complexas que, quando implementadas com sucesso, permitem que as empresas atinjam os seus objetivos.

LEITURA ADICIONAL

BIBLIOGRAFIA

Hartwich, F., Devlin, J. e Kormawa, P. (2011) Industrial Value Chain Diagnostics: Uma ferramenta integrada. *Organização das Nações Unidas para o Desenvolvimento Industrial.* [Online]. Acessado em 10 de abril de 2018. Disponível em: <https://www.unido.org/sites/default/files/2011-07/IVC_Diagnostic_Tool_0.pdf>

Lachat, D. (2007) Chaînes de valeur, modèles entrepreneuriaux et étalonnage. *Arquivo ouverte en Sciences de l'Homme et de la Société.* [Online]. Acessado em 10 de abril de 2018. Disponível em: <https://halshs.archives-ouvertes.fr/halshs-00124439/>

Magretta, J. (2012) *La Méthode Michael Porter.* Montreal: Éditions Transcontinental.

Porter, M. E. (1998) *Competitive Advantage: Criação e Manutenção de Desempenho Superior.* Nova Iorque: Simon & Schuster.

Porter, M. E. (2008) The Five Competitive Forces That Shape Strategy. *Harvard Business Review.* [Online]. Acessado em 10 de abril de 2018. Disponível em: <https://hbr.org/2008/01/the-five-competitive-forces-that-shape-strategy>

Rother, M. e Shook, J. (1999) *Learning to See: Mapa de fluxo de valor para acrescentar valor e eliminar MUDA.* Cambridge: The Lean Enterprise Institute of Brookline Massachusetts.

Zeroual, T., Blanquart, C. e Carbone, V. (2011) Supply Chain Management: portée et limites. L'Apport des théories des réseaux. *Les cahiers de recherche de l'ESCE.* [Online].

Acessado em 10 de abril de 2018. Disponível em: <https://
hal.archives-ouvertes.fr/hal-00595752>

FONTES ADICIONAIS

Harvard Business Review. (2011) *Os 10 Must Reads on Strategy da HBR*. Boston: Harvard Business School Publishing.

Magretta, J. (2012) *Understanding Michael Porter: The Essential Guide to Competition and Strategy*. Boston: Harvard Business School Publishing.

Queremos ouvir você!
Deixe um comentário sobre a sua biblioteca online
e compartilhe os seus livros favoritos nas redes sociais!

MASLOW'S
HIERARCHY
OF NEEDS

Gain vital insights into
how to motivate people

Personal
accomplishment
Esteem
Belonging
Security
Physiologic

THE SWOT
ANALYSIS

Internal factors

Strengths | Weaknesses
SWOT
Opportunities | Threats

External factors

Mestre ISBN: 9782808065528
Papel ISBN: 9782808065818
Depósito legal: D/2022/12603/110

Desenho digital: Primento,
o parceiro digital dos editores.